Seguridad en el patio de recreo

Joe Maloney

Traducción al español: José María Obregón

Rosen REAL READERS en español

Rosen Classroom Books & Materials
New York

¡Vamos al patio de recreo!

Nos sentamos en el subibaja.

Esperamos nuestro turno para usar la resbaladilla.

No jugamos con los columpios rotos.

Nos alejamos de los desconocidos.

Siempre vamos al patio de recreo acompañados por un adulto.

Palabras que debes saber

(el/la) adulto(a)

(el) columpio

roto

(el) subibaja